국가공인 한자자격시험 안내

● 한자자격시험은

낱글자 암기 능력 위주의 평가를 지양하고
우리 국어 생활에 필요한 한자어들의 활용 능력을 평가하여
한자공부로 一石多鳥의 효과를 누릴 수 있도록 구성된
국가공인기관에서 시행하는 시험입니다.

- 총 5,000자의 선정한자를 등급별로 선정 ▶ 체계있는 단계별 한자학습
- 초·중·고등학교 교과서 한자어 평가 ▶ 전 교과목 학습능력 향상
- 총 1,000여 단어의 직업별 전문용어 평가 ▶ 업무능력의 향상

● **시험일정**: 연간 4회(세부일정은 홈페이지 참조, www.hanja114.org, 전화 02-3406-9111)

● 시험 요강

급수		공인급수				교양급수							
		사범	1급	2급	3급	준3급	4급	준4급	5급	준5급	6급	7급	8급
평가한자수	계	5,000자	3,500자	2,300자	1,800자	1,350자	900자	700자	450자	250자	170자	120자	50자
	선정한자	5,000자	3,500자	2,300자	1,300자	1,000자	700자	500자	300자	150자	70자	50자	30자
	교과서, 직업군별 실용한자어	단문, 한시 등	500단어	500단어	500자 (436단어)	350자 (305단어)	200자 (156단어)	200자 (139단어)	150자 (117단어)	100자 (62단어)	100자 (62단어)	70자 (43단어)	20자 (13단어)
문항수		200	150	100	100	100	100	100	100	100	80	50	50
합격기준		80점	70점	70점	70점	70점	70점	70점	70점	70점	70점	70점	70점
시험시간(분)		120	80	60	60	60	60	60	60	60	60	60	60

※교과서 한자어는 3급 이하 급수에서 출제되며, 쓰기문제는 출제되지 않습니다. ※직업군별 실용한자어는 1급과 2급에서 출제됩니다.

● 접수방법

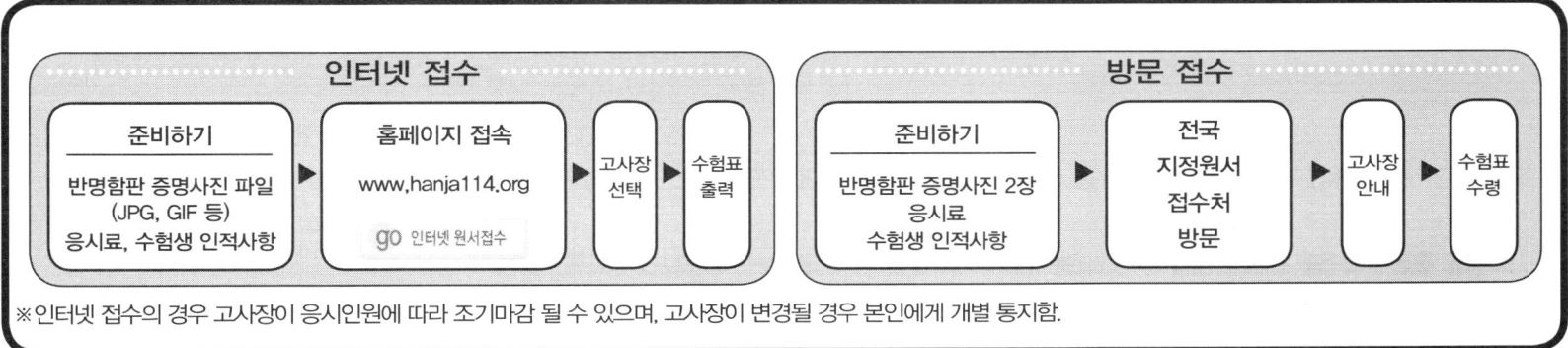

※인터넷 접수의 경우 고사장이 응시인원에 따라 조기마감 될 수 있으며, 고사장이 변경될 경우 본인에게 개별 통지함.

● 시험당일 준비 사항

▶ 수험표와 신분증 소지
▶ 필기구: 6급 이상 - 컴퓨터용 싸인펜, 검정볼펜, 수정테이프
　　　　　7급~8급 - 연필, 지우개
▶ 고사장 위치 사전 확인
▶ 시험시간 20분 전 입실 완료

추천교재 구입처

도서출판 **형 민 사**
전화: 02)736-7694
홈페이지: www.hanja114.com

사단법인 한자교육진흥회는?

- 한자교육 단체 중 국내 최초로 법인 인가(1990년 11월)/국가공인 · 자격관리 운영기관 지정(2004년 1월)
- 국내 유일의 공교육체계에 맞는 급수 편성
- 3급부터 사범급까지 전체 급수 공인취득 ◑ **국가공인 민간자격증은 자격기본법 제 23조 3항에 따라 국가자격을 취득한 자와 동등한 대우를 받음**
- 전역예정장교 직업훈련교육기관으로 지정된 단체
- 생활보호대상자(학교별 단체 특별시험에 한함–교장의 추천), 교도소재소자, 발달장애아 등에게 무료 응시케 하는 사회봉사 단체
- **해외 한인학교 한자교육 및 자격시험 지원 기관(인도네시아, 독일 등)**
- 공공기관이 주관 · 실시하는 한자경시대회 출제 및 채점 지원(양천구청장배 등)

※ **간송학술장학재단의 장학규정에 의거 초 · 중 · 고교생 중 사범 합격자에게는 장학증서 및 장학금 지급**

한자자격시험은 이렇게 출제하여 평가한다.

- 교육부선정 한문교육용 기초한자 1,800자와 대법원인명용한자, 전산용한자, 고문연구용한자 등 총 5,000자를 급수별로 선정하고,
  초 · 중 · 고교의 교과서 한자어와 직업군별 실용한자어 등을 종합평가한다.
- **객관식 약 30%, 주관식 약 70%로 출제**하고 한자의 훈음, 독음, 상대어(반의어), 유의어, 부수, 고문의 이해 범위에서의 쓰기, 읽기,
  해석하기, 문장구성 등 종합적 활용능력을 평가한다.
- 3급 이하에서 출제되는 교과서 한자어는 사용 빈도수가 높은 단어를 선정 평가함으로써 **어휘력, 논술력 향상과 교과서 한자어의 인지도를 높여
  종합적 학습능력을 신장**시킨다.
- 2급, 1급에서는 직업군별 실용한자어를 평가함으로써 **직무능력의 향상**을 꾀한다.

자격증을 취득하면 어디에 활용하는가?

초 · 중 · 고교생	• 초 · 중 · 고교 학교 생활기록부 '자격증 및 인증 취득상황'란에 등재 (교육과학기술부 훈령 제719호 학교 생활기록 작성 및 관리지침 제10조)되며 진학 및 개인별 능력평가 시 반영 ◑ '자격증 및 인증 취득상황'란 기재 예시 표 참조 • 국내 유수대학의 **입시에 우대** (각 대학의 입시요강 참고) • 이화여자외국어고등학교, 김포외국어고등학교는 한자자격시험에 전원 응시케 해 자격증을 취득하고 있음
대학생 · 일반 · 직장인	• 한국방송통신대학교 중어중문학과에서 1급 이상의 자격을 취득한 자는 졸업논문 대체 인정 • 한국교육개발원의 학점인정기준에 따라 전국학점은행제 기관에 신청하면 **사범 5학점, 1급 3학점 인정** • 전국경제인연합회 전임 강신호 회장이 타 단체와 크게 차별화 된 것을 높이 평가 전경련 회원사 (기업체)에 추천 ◑ 국정원, 삼성그룹, 한국무역협회, 동아제약, 우리은행 등 **수많은 기업신입사원 채용 시 가산점 부여, 면접활용** ◑ 녹십자와 현대건설 등 다수의 기업에서는 협약을 맺어 전 사원에게 한자자격시험에 응시 인사고과에 반영 • 육군간부 및 군무원의 인사고과 반영 • 경기도 파주시청을 비롯한 국가기관에서 **공무원 직무능력 향상의 수단으로 한자 자격취득 권장**

자격종목	급수	자격증번호	취득년월일	자격증발행기관
한자실력급수	3급	000-30-00000	2008.00.00.	(사)한자교육진흥회

한자자격시험 응시를 위한 준비는 어떻게 하나?

- **교재 활용하기**
  ◑ **추천도서**: 도서출판 **형민사** 발행 수험서
  – 한자자격시험(사범~8급, 총 12종)
  – 한자자격시험 연습문제집 (사범~8급, 총 12종)
  – 한자공부(1단계~5단계: 8급~5급 내용수록)
  – 쉽고 재미있게 익히는 한자공부 (초등학교용, 1단계~3단계): 서울시 교육감인정도서
- **인터넷 활용하기**
  ◑ 한자교육진흥회 홈페이지의 **기출문제** 이용하기: www.hanja114.org ➡ 상단 메뉴바 기출문제 참고

국가공인 한자자격 취득의 길잡이
도서출판 형민사

대표전화: 02)736-7694
홈페이지: www.hanja114.com

[8급] 선정한자

十	열	십
五	다섯	오
王	임금	왕
月	달	월
二	두	이
人	사람	인
日	날	일
一	한	일
子	아들	자
中	가운데	중
七	일곱	칠
土	흙	토
八	여덟	팔
下	아래	하
火	불	화

九	아홉	구
口	입	구
女	계집	녀
六	여섯	륙
母	어머니	모
木	나무	목
門	문	문
白	흰	백
父	아버지	부
四	넉	사
山	메	산
三	석	삼
上	위	상
小	작을	소
水	물	수

[8급] 교과서 한자어

공부	工夫		식물	植物
내용	內容		의견	意見
동물	動物		인물	人物
문장	文章		주의	注意
사물	事物		친구	親舊
생활	生活		학교	學校
선생님	先生님			

한자실력급수 자격시험 8급 연습문제 〈1〉

객관식 (1~30번)

※ [　] 안의 뜻에 맞는 한자를 찾아 번호를 쓰세요.

1. [다섯]
   ① 五　② 九　③ 四　④ 七　(　)

2. [어머니]
   ① 母　② 口　③ 門　④ 白　(　)

3. [셋]
   ① 二　② 一　③ 三　④ 王　(　)

4. [물]
   ① 火　② 木　③ 小　④ 水　(　)

5. [임금]
   ① 土　② 王　③ 山　④ 人　(　)

6. [여자]
   ① 八　② 六　③ 女　④ 母　(　)

7. [달]
   ① 中　② 父　③ 日　④ 月　(　)

8. [위]
   ① 下　② 上　③ 十　④ 二　(　)

9. [아들]
   ① 子　② 九　③ 十　④ 小　(　)

10. [여섯]
    ① 父　② 火　③ 人　④ 六　(　)

※ [　] 안의 한자어를 바르게 읽은 것을 찾아 번호를 쓰세요.

11. 언제나 부[母]님께 감사하는 마음을 가져야합니다.
    ① 형　② 녀　③ 모　④ 자　(　)

12. 낡은 [上]수도관을 새것으로 교체하였습니다.
    ① 하　② 토　③ 상　④ 중　(　)

13. 가족들과 계곡에 놀러가서 [水]영을 했습니다.
    ① 접　② 화　③ 목　④ 수　(　)

14. 청군과 백군이 축구를 하는데 청군이 [六]대 3으로 이기고 있습니다.
    ① 오　② 육　③ 칠　④ 팔　(　)

15. 태조 왕건은 고려시대 첫 번째 [王]입니다.
    ① 왕　② 주　③ 군　④ 금　(　)

16. 이 책상은 [木]수이신 아버지께서 만드신 것입니다.
    ① 공　② 목　③ 가　④ 선　(　)

17. 영희는 [山]에서 내려오다 넘어졌습니다.
    ① 선　② 물　③ 절　④ 산　(　)

18. 많은 나라에서 [七]은 행운의 숫자입니다.
    ① 칠　② 삼　③ 십　④ 일　(　)

19. 우리 반 교실은 [二]층에 있습니다.
    ① 오　② 사　③ 삼　④ 이　(　)

20. 옆집 [父]자는 주말마다 운동장에서 축구를 합니다.
    ① 모　② 남　③ 부　④ 여　(　)

※ [   ] 안의 뜻을 가진 한자를 〈보기〉에서 찾아 번호를 쓰세요.

〈보기〉	①日 ②山 ③父 ④小 ⑤口 ⑥二 ⑦四 ⑧木 ⑨六 ⑩七

21. 가을이 되면 [나무]들이 울긋불긋 단풍으로 옷을 갈아입습니다.   (   )

22. 숲에서 [작고] 귀여운 다람쥐를 보았습니다.
                                    (   )

23. 누나는 저보다 나이가 [두] 살 더 많습니다.
                                    (   )

24. 여름에는 [해]가 일찍 뜨고 늦게 집니다.
                                    (   )

25. 무지개는 [일곱]가지 빛깔을 가지고 있습니다.
                                    (   )

26. 동생은 [입]을 벌리고 활짝 웃고 있습니다.
                                    (   )

27. 형은 윷가락 [네]개를 힘차게 던졌습니다.
                                    (   )

28. 눈이 [산]과 땅을 덮고 있어 매우 아름답습니다.   (   )

29. 어머니께서 작은 물고기 [여섯]마리를 사오셨습니다.   (   )

30. [아버지]께서 사오신 호두를 까먹었습니다.
                                    (   )

주관식 (31~50번)

※ 한자의 훈(뜻)과 음(소리)을 〈보기〉와 같이 한글로 쓰세요.

〈보기〉	一 (하나 일)

31. 門   (   )
32. 人   (   )
33. 中   (   )
34. 下   (   )
35. 九   (   )

36. 白   (   )
37. 十   (   )
38. 土   (   )
39. 八   (   )
40. 火   (   )

※ 한자어의 독음(소리)을 〈보기〉와 같이 한글로 쓰세요.

〈보기〉	一日 (일 일)

41. 母女   (   )
42. 三月   (   )
43. 水上   (   )
44. 王子   (   )

※ [   ] 안의 한자어의 독음(소리)을 〈보기〉에서 찾아 쓰세요.

〈보기〉	주의	내용	사물
	학교	문장	의견

45. [學校]에서 배운 노래를 부모님 앞에서 불렀습니다.   (   )

46. 감기에 걸리지 않도록 [注意]해야 합니다.
                                    (   )

47. 서로 [意見]을 주고받았습니다.
                                    (   )

48. 날마다 일기를 쓰면 [事物]을 살피는 힘이 생깁니다.   (   )

49. 여러 단어가 모여 [文章]이 됩니다.
                                    (   )

50. 오늘 읽은 동화책의 [內容]이 매우 감동적이었습니다.   (   )

- 수고하셨습니다 -

한자실력급수 자격시험 8급 연습문제 〈2〉

객관식 (1~30번)

※ [　] 안의 뜻에 맞는 한자를 찾아 번호를 쓰세요.

1. [셋]
   ① 二　② 三　③ 一　④ 四　(　)

2. [흙]
   ① 土　② 王　③ 十　④ 上　(　)

3. [가운데]
   ① 母　② 日　③ 口　④ 中　(　)

4. [아버지]
   ① 火　② 父　③ 水　④ 木　(　)

5. [아래]
   ① 上　② 下　③ 六　④ 山　(　)

6. [희다]
   ① 日　② 八　③ 白　④ 門　(　)

7. [물]
   ① 月　② 火　③ 水　④ 十　(　)

8. [아들]
   ① 子　② 女　③ 十　④ 王　(　)

9. [문]
   ① 五　② 門　③ 母　④ 月　(　)

10. [일곱]
    ① 十　② 九　③ 八　④ 七　(　)

※ [　] 안의 한자어를 바르게 읽은 것을 찾아 번호를 쓰세요.

11. 어머니는 정성스럽게 깍은 사과를 접시에 담아 식탁 [中]간에 놓았습니다.
    ① 상　② 하　③ 중　④ 소　(　)

12. 희정이는 집을 나서면서 [門]을 잠갔습니다.
    ① 문　② 창　③ 공　④ 신　(　)

13. 저는 음료수보다 생[水]를 더 좋아합니다.
    ① 기　② 화　③ 소　④ 수　(　)

14. 어머니가 시장에서 [白]설기를 사오셨습니다.
    ① 흑　② 백　③ 청　④ 황　(　)

15. 우리나라는 [三]면이 바다로 둘러 쌓여있습니다.
    ① 사　② 한　③ 이　④ 삼　(　)

16. 5[月] 8일은 어버이날입니다.
    ① 월　② 달　③ 년　④ 날　(　)

17. [女]동생이 있었으면 좋겠습니다.
    ① 여　② 남　③ 녀　④ 친　(　)

18. 동생은 초등학교 [一]학년입니다.
    ① 이　② 삼　③ 일　④ 사　(　)

19. 이 책은 [上]과 하로 이루어져 있는데 上권이 더 재미있습니다.
    ① 중　② 상　③ 통　④ 별　(　)

20. 동화책에 나오는 [小]인국에 살고 싶습니다.
    ① 백　② 대　③ 거　④ 소　(　)

※ [ ] 안의 뜻을 가진 한자를 〈보기〉에서 찾아 번호를 쓰세요.

〈보기〉	①上 ②口 ③六 ④小 ⑤一 ⑥十 ⑦月 ⑧四 ⑨日 ⑩女

21. 생일 선물로 공책 [네] 권을 받았습니다.
(   )

22. 물고기들이 [작은] 연못에 살고 있습니다.
(   )

23. [십] 년 후에 저의 모습을 상상해보았습니다.
(   )

24. 케이크 대신 떡 [위]에 초를 꽂았습니다.
(   )

25. [해]가 구름 뒤에 숨어 있습니다. (   )

26. 불빛이 [하나]도 없는 깜깜한 밤이 되었습니다.
(   )

27. 형과 함께 보름[달]을 보며 소원을 빌었습니다.
(   )

28. 동생이 [입]을 예쁘게 벌리고 노래를 합니다.
(   )

29. 그 [여자]는 잘 웃지 않습니다. (   )

30. 생일에 [여섯] 명의 친구를 초대했습니다.
(   )

주관식 (31~50번)

※ 한자의 훈(뜻)과 음(소리)을 〈보기〉와 같이 한글로 쓰세요.

〈보기〉	一 (하나 일)

31. 九 (   )
32. 二 (   )
33. 人 (   )
34. 王 (   )
35. 山 (   )
36. 八 (   )
37. 五 (   )
38. 木 (   )
39. 母 (   )
40. 火 (   )

※ 한자어의 독음(소리)을 〈보기〉와 같이 한글로 쓰세요.

〈보기〉	一日 (일일)

41. 白土 (   )
42. 門下 (   )
43. 父子 (   )
44. 水中 (   )

※ [ ] 안의 한자어의 독음(소리)을 〈보기〉에서 찾아 쓰세요.

〈보기〉	생활	의견	동물
	문장	친구	공부

45. 애완[動物]을 키우고 싶습니다.
(   )

46. 방학 중에도 규칙적인 [生活]을 하도록 노력해야 합니다. (   )

47. 마침표는 [文章]이 끝날 때 사용합니다.
(   )

48. 나는 다리가 아픈 [親舊]를 도와주었습니다.
(   )

49. 학예회 준비로 친구들과 [意見]을 나누었습니다. (   )

50. 한자 [工夫]는 하면 할수록 재미있습니다.
(   )

- 수고하셨습니다 -

한자실력급수 자격시험 8급 연습문제 〈3〉

객관식 (1~30번)

※ [ ] 안의 뜻에 맞는 한자를 찾아 번호를 쓰세요.

1. [희다]
   ① 白   ② 日   ③ 口   ④ 月   (   )

2. [일곱]
   ① 六   ② 八   ③ 七   ④ 九   (   )

3. [달]
   ① 中   ② 月   ③ 山   ④ 女   (   )

4. [입]
   ① 三   ② 母   ③ 王   ④ 口   (   )

5. [메]
   ① 土   ② 山   ③ 五   ④ 上   (   )

6. [나무]
   ① 十   ② 水   ③ 火   ④ 木   (   )

7. [아홉]
   ① 九   ② 六   ③ 子   ④ 七   (   )

8. [사람]
   ① 小   ② 人   ③ 八   ④ 四   (   )

9. [불]
   ① 火   ② 水   ③ 人   ④ 父   (   )

10. [흙]
    ① 上   ② 下   ③ 土   ④ 十   (   )

※ [ ] 안의 한자어를 바르게 읽은 것을 찾아 번호를 쓰세요.

11. 그 친구와 [七]년 만에 다시 만났습니다.
    ① 팔   ② 오   ③ 육   ④ 칠   (   )

12. 나는 자랑스러운 한국[人]입니다.
    ① 삼   ② 인   ③ 입   ④ 화   (   )

13. 친구와 공원 입[口]에서 만나기로 하였습니다.
    ① 장   ② 구   ③ 중   ④ 정   (   )

14. 내일은 [土]요일입니다.
    ① 금   ② 목   ③ 토   ④ 일   (   )

15. [山]에 오르면 기분이 좋아집니다.
    ① 밤   ② 산   ③ 물   ④ 수   (   )

16. 주인이 [下]인에게 물을 떠오라고 하였습니다.
    ① 중   ② 상   ③ 노   ④ 하   (   )

17. 저는 초등학교 [三]학년입니다.
    ① 삼   ② 사   ③ 오   ④ 육   (   )

18. 나는 [父]모님의 생신을 잘 기억하고 있습니다.
    ① 장   ② 생   ③ 부   ④ 형   (   )

19. 6 빼기 5는 [一]입니다.
    ① 이   ② 일   ③ 삼   ④ 사   (   )

20. 손잡이를 돌려 [門]을 열었습니다.
    ① 문   ② 창   ③ 관   ④ 현   (   )

※ [　　] 안의 뜻을 가진 한자를 〈보기〉에서 찾아 번호를 쓰세요.

〈보기〉	①一　②三　③父　④女　⑤子 ⑥六　⑦日　⑧下　⑨門　⑩中

21. 왕의 [아들]을 왕자라고 합니다. (　　　)

22. 동생은 [문]을 열고 밖을 보고 있습니다.
(　　　)

23. 부모님과 여행을 가기로 약속한 [날]이 무척 기다려집니다. (　　　)

24. 필통에서 연필 [하나]를 꺼냈습니다.
(　　　)

25. 친구들과 운동장 [가운데]서 수건돌리기를 했습니다. (　　　)

26. [아버지]에게 용돈을 받았습니다. (　　　)

27. 나무 그늘 [아래]에서 밥을 먹었습니다.
(　　　)

28. 드디어 귀여운 [여]동생이 태어났습니다.
(　　　)

29. 하루에 [세] 번 양치를 해야 합니다.
(　　　)

30. 우리 가족은 [여섯]명입니다. (　　　)

주관식 (31~50번)

※ 한자의 훈(뜻)과 음(소리)을 〈보기〉와 같이 한글로 쓰세요.

〈보기〉	一 (　하나　 일 　)

31. 二　(　　　　　　　)
32. 王　(　　　　　　　)
33. 八　(　　　　　　　)
34. 水　(　　　　　　　)
35. 五　(　　　　　　　)
36. 母　(　　　　　　　)

37. 四　(　　　　　　　)
38. 小　(　　　　　　　)
39. 十　(　　　　　　　)
40. 上　(　　　　　　　)

※ 한자어의 독음(소리)을 〈보기〉와 같이 한글로 쓰세요.

〈보기〉	一日 (　일 일　)

41. 九月　(　　　　　　　)
42. 人口　(　　　　　　　)
43. 火山　(　　　　　　　)
44. 土木　(　　　　　　　)

※ [　　] 안의 한자어의 독음(소리)을 〈보기〉에서 찾아 쓰세요.

〈보기〉	학교	친구	선생
	내용	주의	식물

45. [先生]님께서 재미나는 이야기를 해주었습니다.
(　　　　　　　)

46. 세상에 [植物]이 없다면 모든 동물은 숨을 쉴 수 없습니다. (　　　　　　　)

47. [學校]에서 돌아오자마자 숙제를 했습니다.
(　　　　　　　)

48. 횡단보도를 건널 때는 각별히 [注意]해야 합니다. (　　　　　　　)

49. 알림장의 [內容]을 부모님께 보여드렸습니다.
(　　　　　　　)

50. [親舊]와 웃으며 이야기를 나누었습니다.
(　　　　　　　)

－ 수고하셨습니다 －

한자실력급수 자격시험 8급 연습문제 <4>

객관식 (1~30번)

※ [　] 안의 뜻에 맞는 한자를 찾아 번호를 쓰세요.

1. [여섯]
   ① 五　② 六　③ 九　④ 七　(　)

2. [사람]
   ① 八　② 火　③ 人　④ 小　(　)

3. [어머니]
   ① 母　② 父　③ 子　④ 日　(　)

4. [여자]
   ① 六　② 女　③ 水　④ 木　(　)

5. [산]
   ① 上　② 下　③ 土　④ 山　(　)

6. [문]
   ① 日　② 白　③ 門　④ 月　(　)

7. [아버지]
   ① 父　② 火　③ 水　④ 木　(　)

8. [아들]
   ① 子　② 女　③ 七　④ 王　(　)

9. [아래]
   ① 土　② 中　③ 上　④ 下　(　)

10. [일곱]
    ① 三　② 四　③ 五　④ 七　(　)

※ [　] 안의 한자어를 바르게 읽은 것을 찾아 번호를 쓰세요.

11. 병원 표시는 [十]자 모양입니다.
    ① 교　② 원　③ 가　④ 십　(　)

12. 이웃집 마당 입[口]에 귀여운 강아지들이 있습니다.
    ① 장　② 구　③ 실　④ 중　(　)

13. 동생이 태어난 지 [一]년이 지났습니다.
    ① 일　② 이　③ 삼　④ 사　(　)

14. 몸이 커져서 [上]의가 작아졌습니다.
    ① 수　② 탈　③ 하　④ 상　(　)

15. 이번 운동회에서 [白]군은 흰색 티셔츠를 입기로 하였습니다.
    ① 청　② 백　③ 황　④ 홍　(　)

16. 부[母]님과 함께 바다로 여행을 갔습니다.
    ① 장　② 형　③ 자　④ 모　(　)

17. 밖에는 [下]수도 공사를 하고 있습니다.
    ① 상　② 남　③ 하　④ 친　(　)

18. 이웃집 [父]녀는 사이가 좋습니다.
    ① 남　② 부　③ 자　④ 손　(　)

19. 할머니는 창[門] 밖에 날아다니는 새들을 보고 있습니다.
    ① 가　② 벽　③ 문　④ 살　(　)

20. 사촌 동생이 태어난 지 벌써 [六]개월이 지났습니다.
    ① 육　② 칠　③ 팔　④ 구　(　)

※ [ ] 안의 뜻을 가진 한자를 〈보기〉에서 찾아 번호를 쓰세요.

〈보기〉	①三 ②上 ③月 ④白 ⑤日
	⑥土 ⑦十 ⑧一 ⑨口 ⑩中

21. 오전 [열]시에 친구들과 운동장에서 축구를 하기로 했습니다. ( )

22. 내 자리는 교실 [가운데]입니다. ( )

23. 나무 [위]에 풍선이 걸려있습니다. ( )

24. 산에 올라 [해]가 뜨는 것을 보았습니다. ( )

25. 그는 [하나]만 알고 둘은 모릅니다. ( )

26. 우주선을 타고 [달]나라에 가보고 싶습니다. ( )

27. 지난주 [토]요일에 어머니와 함께 영화를 봤습니다. ( )

28. 연못의 물고기가 [입]을 뻐금거리고 있습니다. ( )

29. [세]명이 길을 걸어가면 그 가운데에 반드시 나의 스승이 있습니다. ( )

30. 밖에는 [흰] 눈이 내리고 있습니다. ( )

주관식 (31~50번)

※ 한자의 훈(뜻)과 음(소리)을 〈보기〉와 같이 한글로 쓰세요.

〈보기〉	一 (하나 일)

31. 九 ( )
32. 二 ( )
33. 王 ( )
34. 八 ( )
35. 五 ( )

36. 木 ( )
37. 水 ( )
38. 火 ( )
39. 四 ( )
40. 小 ( )

※ 한자어의 독음(소리)을 〈보기〉와 같이 한글로 쓰세요.

〈보기〉	一日 (일일)

41. 門人 ( )
42. 父母 ( )
43. 子女 ( )
44. 下山 ( )

※ [ ] 안의 한자어의 독음(소리)을 〈보기〉에서 찾아 쓰세요.

〈보기〉	문장	공부	인물
	선생	생활	의견

45. 다음 이야기에 나오는 [人物]들에게 편지를 써 봅시다. ( )

46. 건강한 방학 [生活]을 보내기 위하여 매일 운동을 합니다. ( )

47. 알맞은 [文章]부호를 넣어 글을 써 봅시다. ( )

48. 우리는 상대방의 [意見]을 잘 들을 줄 알아야 합니다. ( )

49. 형은 매일 밤늦게까지 열심히 [工夫]를 합니다. ( )

50. 나는 커서 [先生]님이 되고 싶습니다. ( )

– 수고하셨습니다 –

한자실력급수 자격시험 8급 연습문제 〈5〉

객관식 (1~30번)

※ [ ] 안의 뜻에 맞는 한자를 찾아 번호를 쓰세요.

1. [가운데]
   ① 口 ② 中 ③ 日 ④ 四 (   )

2. [사람]
   ① 八 ② 火 ③ 人 ④ 父 (   )

3. [여섯]
   ① 六 ② 五 ③ 七 ④ 九 (   )

4. [물]
   ① 火 ② 水 ③ 木 ④ 月 (   )

5. [열]
   ① 下 ② 五 ③ 王 ④ 十 (   )

6. [문]
   ① 白 ② 母 ③ 日 ④ 門 (   )

7. [일곱]
   ① 七 ② 十 ③ 八 ④ 子 (   )

8. [작다]
   ① 十 ② 木 ③ 小 ④ 水 (   )

9. [메]
   ① 三 ② 山 ③ 上 ④ 二 (   )

10. [아홉]
    ① 人 ② 口 ③ 水 ④ 九 (   )

※ [ ] 안의 한자어를 바르게 읽은 것을 찾아 번호를 쓰세요.

11. 어버이날을 맞아 [父]모님께 편지를 썼습니다.
    ① 형 ② 자 ③ 남 ④ 부 (   )

12. 공원 입[口]에 사람들이 많이 모여 있습니다.
    ① 구 ② 장 ③ 전 ④ 중 (   )

13. 8월 15[日]은 광복절입니다.
    ① 해 ② 날 ③ 일 ④ 달 (   )

14. 왕이 신[下]에게 명령을 내렸습니다.
    ① 공 ② 사 ③ 부 ④ 하 (   )

15. [三]촌은 중소기업에 다니고 계십니다.
    ① 사 ② 삼 ③ 칠 ④ 팔 (   )

16. 할아버지의 [六]십째 생신을 맞이하여 마을에서는 큰 잔치가 열렸습니다.
    ① 육 ② 칠 ③ 팔 ④ 구 (   )

17. [山]에 올라 맑은 공기를 마시니 상쾌합니다.
    ① 절 ② 강 ③ 당 ④ 산 (   )

18. 음력 [七]월 칠일에 견우와 직녀가 만난다고 합니다.
    ① 삼 ② 사 ③ 칠 ④ 오 (   )

19. [門]앞에서 친구가 기다리고 있습니다.
    ① 창 ② 문 ③ 집 ④ 원 (   )

20. 큰누나는 내년에 [中]학생이 됩니다.
    ① 물 ② 공 ③ 품 ④ 중 (   )

※ [　　] 안의 뜻을 가진 한자를 〈보기〉에서 찾아 번호를 쓰세요.

〈보기〉	①上 ②三 ③口 ④日 ⑤一 ⑥四 ⑦女 ⑧父 ⑨下 ⑩月

21. 가족들이 둘러 앉아 [아버지]께서 사오신 빵을 먹었습니다. (　　)

22. 할머니는 강아지 [네] 마리를 키우고 계십니다. (　　)

23. 책상 [아래]로 지우개가 떨어졌습니다. (　　)

24. 물 [위]를 떠다니는 오리를 보았습니다. (　　)

25. 환하게 떠오르는 [해]가 온 세상을 비추고 있습니다. (　　)

26. 친구가 저에게 오렌지 [하나]를 주었습니다. (　　)

27. 밝은 [달]은 언제부터 하늘 위에 있었을까요? (　　)

28. 동생은 사탕을 [입] 안에서 녹여 먹고 있습니다. (　　)

29. 고모는 어제 [여자] 쌍둥이를 낳았습니다. (　　)

30. 하나에 둘을 더하면 [셋]이 됩니다. (　　)

주관식 (31~50번)

※ 한자의 훈(뜻)과 음(소리)을 〈보기〉와 같이 한글로 쓰세요.

〈보기〉	一 (하나 일)

31. 二 (　　　　　)
32. 子 (　　　　　)
33. 王 (　　　　　)

34. 白 (　　　　　)
35. 八 (　　　　　)
36. 五 (　　　　　)
37. 木 (　　　　　)
38. 母 (　　　　　)
39. 火 (　　　　　)
40. 土 (　　　　　)

※ 한자어의 독음(소리)을 〈보기〉와 같이 한글로 쓰세요.

〈보기〉	一日 (일 일)

41. 九十 (　　　　　)
42. 山水 (　　　　　)
43. 小人 (　　　　　)
44. 門中 (　　　　　)

※ [　　] 안의 한자어의 독음(소리)을 〈보기〉에서 찾아 쓰세요.

〈보기〉	선생	동물	학교
	친구	내용	공부

45. 다음 [內容]을 읽고 물음에 답하시오. (　　)

46. 오늘 생일을 맞은 [親舊]를 기쁘게 해주기 위해 선물을 준비했습니다. (　　)

47. 원시인들은 [動物]의 가죽을 옷으로 입었습니다. (　　)

48. [學校] 운동장에서 체육대회가 열렸습니다. (　　)

49. [工夫]를 마친 후, 동생과 함께 운동을 했습니다. (　　)

50. 스승의 날은 [先生]님의 은혜를 기념하기 위한 날입니다. (　　)

- 수고하셨습니다 -

한자실력급수 자격시험 8급 연습문제 〈6〉

객관식 (1~30번)

※ [ ] 안의 뜻에 맞는 한자를 찾아 번호를 쓰세요.

1. [아버지]
 ① 火 ② 父 ③ 水 ④ 人   (   )

2. [여섯]
 ① 六 ② 七 ③ 八 ④ 九   (   )

3. [아들]
 ① 子 ② 女 ③ 十 ④ 土   (   )

4. [작다]
 ① 木 ② 水 ③ 小 ④ 七   (   )

5. [달]
 ① 日 ② 月 ③ 口 ④ 中   (   )

6. [아래]
 ① 五 ② 土 ③ 上 ④ 下   (   )

7. [어머니]
 ① 女 ② 人 ③ 母 ④ 四   (   )

8. [가운데]
 ① 口 ② 中 ③ 一 ④ 十   (   )

9. [해]
 ① 口 ② 山 ③ 二 ④ 日   (   )

10. [위]
 ① 上 ② 下 ③ 土 ④ 五   (   )

※ [ ] 안의 한자어를 바르게 읽은 것을 찾아 번호를 쓰세요.

11. [土]요일에 부모님과 놀이동산에 가기로 하였습니다.
 ① 일 ② 토 ③ 금 ④ 목   (   )

12. 우리 집은 아파트 [三]층입니다.
 ① 육 ② 오 ③ 사 ④ 삼   (   )

13. 우리 집 식[口]는 8명입니다.
 ① 구 ② 사 ③ 수 ④ 대   (   )

14. 옥[上]에 올라가 하늘을 보았습니다.
 ① 하 ② 토 ③ 상 ④ 고   (   )

15. 삼촌은 그 일을 하신 지 [十]년이 지났습니다.
 ① 십 ② 구 ③ 팔 ④ 칠   (   )

16. 나는 1학년 [六]반입니다.
 ① 오 ② 육 ③ 사 ④ 삼   (   )

17. 내 키는 반에서 [中]간 정도 됩니다.
 ① 인 ② 시 ③ 기 ④ 중   (   )

18. 이 이야기의 주인공은 [小]인국을 여행하고 있습니다.
 ① 대 ② 소 ③ 거 ④ 상   (   )

19. 형은 [下]산을 하다가 다리를 다쳤습니다.
 ① 등 ② 상 ③ 하 ④ 아   (   )

20. 삼[月]에는 새로운 학기가 시작됩니다.
 ① 월 ② 달 ③ 일 ④ 날   (   )

※ [   ] 안의 뜻을 가진 한자를 〈보기〉에서 찾아 번호를 쓰세요.

〈보기〉	①水 ②三 ③女 ④一 ⑤口 ⑥四 ⑦七 ⑧門 ⑨土 ⑩十

21. 옆집은 딸만 [넷]인 딸부자집입니다.
(   )

22. 여덟에 둘을 더하면 [열]이 됩니다.
(   )

23. 할아버지가 [문] 앞에 서서 우리가 오기를 기다리고 계십니다. (   )

24. 집에서 [물]을 아낄 수 있는 방법을 생각해봅시다. (   )

25. 뒷자리에 앉아 있던 [한] 학생이 손을 들었습니다. (   )

26. 예진이는 손으로 [입]을 가리며 웃었습니다.
(   )

27. 신나게 뛰어 놀고 옷에 묻은 [흙]을 털었습니다. (   )

28. [여]동생과 함께 아이스크림을 사먹었습니다.
(   )

29. 그는 우리 [셋] 중에서 가장 나이가 어립니다.
(   )

30. 그 아이는 아직 [일곱]까지 밖에 셀 줄 모릅니다. (   )

주관식 (31~50번)

※ 한자의 훈(뜻)과 음(소리)을 〈보기〉와 같이 한글로 쓰세요.

〈보기〉	一 (하나 일)

31. 九   (   )
32. 二   (   )
33. 白   (   )

34. 人   (   )
35. 王   (   )
36. 山   (   )
37. 八   (   )
38. 五   (   )
39. 木   (   )
40. 火   (   )

※ 한자어의 독음(소리)을 〈보기〉와 같이 한글로 쓰세요.

〈보기〉	一日 (일 일)

41. 母子   (   )
42. 中小   (   )
43. 日月   (   )
44. 上下   (   )

※ [   ] 안의 한자어의 독음(소리)을 〈보기〉에서 찾아 쓰세요.

〈보기〉	사물	친구	문장
	학교	생활	의견

45. 긴 [文章]의 글도 천천히 읽다보면 이해가 됩니다. (   )

46. 그들은 하나의 [事物]을 다르게 바라보았습니다. (   )

47. 여행을 통하여 시골 [生活]의 정겨움을 느꼈습니다. (   )

48. 학생들은 자신의 [意見]을 솔직하게 말했습니다. (   )

49. [學校]를 마친 후, 친구들과 술래잡기를 하였습니다. (   )

50. 옆에 앉은 [親舊]가 하품을 하니 나도 덩달아 하품을 하였습니다. (   )

- 수고하셨습니다 -

한자실력급수 자격시험 8급 연습문제 〈7〉

객관식 (1~30번)

※ [　] 안의 뜻에 맞는 한자를 찾아 번호를 쓰세요.

1. [일곱]
   ① 六　② 七　③ 八　④ 九　(　)

2. [희다]
   ① 中　② 口　③ 日　④ 白　(　)

3. [여덟]
   ① 八　② 十　③ 人　④ 七　(　)

4. [여섯]
   ① 五　② 六　③ 四　④ 三　(　)

5. [열]
   ① 一　② 二　③ 下　④ 十　(　)

6. [메]
   ① 上　② 山　③ 五　④ 木　(　)

7. [사람]
   ① 火　② 人　③ 水　④ 小　(　)

8. [여자]
   ① 女　② 子　③ 父　④ 母　(　)

9. [아홉]
   ① 十　② 上　③ 九　④ 口　(　)

10. [가운데]
    ① 中　② 門　③ 日　④ 口　(　)

※ [　] 안의 한자어를 바르게 읽은 것을 찾아 번호를 쓰세요.

11. 아파트 [一]층에 살아보고 싶습니다.
    ① 사　② 삼　③ 이　④ 일　(　)

12. 사람들이 극장 입[口]부터 길게 줄을 서 있습니다.
    ① 구　② 장　③ 초　④ 전　(　)

13. 형은 날마다 [日]기를 씁니다.
    ① 서　② 전　③ 수　④ 일　(　)

14. 감기에 걸려 [小]아과에 다녀왔습니다.
    ① 유　② 영　③ 소　④ 여　(　)

15. 늦게 일어나서 세[水]도 못하고 학교에 갔습니다.
    ① 손　② 정　③ 수　④ 안　(　)

16. 그 친구의 말은 십중[八]구 거짓말입니다.
    ① 칠　② 팔　③ 육　④ 오　(　)

17. 아버지는 [九]월부터 새로운 직장으로 출근하십니다.
    ① 육　② 칠　③ 팔　④ 구　(　)

18. 형은 나라를 지키는 군[人]입니다.
    ① 인　② 대　③ 복　④ 장　(　)

19. [山]에 오르니 머리가 맑아지는 것 같습니다.
    ① 강　② 절　③ 산　④ 봉　(　)

20. 내가 가장 좋아하는 숫자는 [七]입니다.
    ① 육　② 칠　③ 오　④ 사　(　)

※ [　] 안의 뜻을 가진 한자를 〈보기〉에서 찾아 번호를 쓰세요.

〈보기〉	①月 ②小 ③三 ④一 ⑤上 ⑥土 ⑦口 ⑧水 ⑨日 ⑩四

21. 내일은 [토]요일이라 학교에 가지 않습니다.
（　　　）

22. 친구들과 계곡에서 [물]놀이를 하였습니다.
（　　　）

23. 우리 가족은 아빠, 엄마, 저, 동생으로 총 [네] 명입니다.
（　　　）

24. 내 키는 반에서 [작은] 편이라 우유를 많이 마시고 있습니다.
（　　　）

25. 구름 [위]를 날아다니는 새가 되고 싶습니다.
（　　　）

26. [날]이 어두워지기 전에 집에 들어가야 합니다.
（　　　）

27. [하나]밖에 없는 내 동생이 너무 좋습니다.
（　　　）

28. 보름[달]에게 가족이 모두 행복하게 해달라고 소원을 빌었습니다.
（　　　）

29. 맛있는 음식을 보면 [입]에 침이 고입니다.
（　　　）

30. 술래는 하나, 둘, [셋]을 세고 우리를 찾으러 다닙니다.
（　　　）

주관식 (31~50번)

※ 한자의 훈(뜻)과 음(소리)을 〈보기〉와 같이 한글로 쓰세요.

〈보기〉	一 （　하나　일　）

31. 二 （　　　　　）
32. 子 （　　　　　）
33. 王 （　　　　　）
34. 五 （　　　　　）
35. 木 （　　　　　）
36. 母 （　　　　　）
37. 火 （　　　　　）
38. 下 （　　　　　）
39. 父 （　　　　　）
40. 門 （　　　　　）

※ 한자어의 독음(소리)을 〈보기〉와 같이 한글로 쓰세요.

〈보기〉	一日 （　일일　）

41. 六十 （　　　　　）
42. 山中 （　　　　　）
43. 八九 （　　　　　）
44. 女人 （　　　　　）

※ [　] 안의 한자어의 독음(소리)을 〈보기〉에서 찾아 쓰세요.

〈보기〉	의견	문장	주의
	식물	학교	내용

45. 학생들이 선생님의 말씀에 [注意]를 기울이고 있습니다.
（　　　）

46. 무슨 [內容]인지 몰라서 선생님께 질문을 하였습니다.
（　　　）

47. 우리는 당신의 [意見]에 반대합니다.
（　　　）

48. [學校]에서 돌아오자마자 숙제를 하였습니다.
（　　　）

49. 부모님과 함께 [植物]원에 다녀왔습니다.
（　　　）

50. 이모는 중국어로 된 [文章]을 우리말로 옮기는 일을 합니다.
（　　　）

－ 수고하셨습니다 －

한자실력급수 자격시험 8급 연습문제 〈8〉

객관식 (1~30번)

※ [ ] 안의 뜻에 맞는 한자를 찾아 번호를 쓰세요.

1. [둘]
   ① 一 ② 二 ③ 三 ④ 四 ( )

2. [여섯]
   ① 八 ② 七 ③ 六 ④ 五 ( )

3. [해]
   ① 日 ② 月 ③ 白 ④ 水 ( )

4. [사람]
   ① 子 ② 火 ③ 父 ④ 人 ( )

5. [여자]
   ① 口 ② 王 ③ 女 ④ 母 ( )

6. [열]
   ① 九 ② 十 ③ 中 ④ 上 ( )

7. [아홉]
   ① 七 ② 小 ③ 下 ④ 九 ( )

8. [희다]
   ① 白 ② 日 ③ 口 ④ 中 ( )

9. [아버지]
   ① 母 ② 父 ③ 子 ④ 門 ( )

10. [넷]
    ① 二 ② 五 ③ 四 ④ 口 ( )

※ [ ] 안의 한자어를 바르게 읽은 것을 찾아 번호를 쓰세요.

11. [父]모님이 항상 건강하셨으면 좋겠습니다.
    ① 형 ② 제 ③ 생 ④ 부 ( )

12. [九]에서 4를 빼면 5입니다.
    ① 칠 ② 팔 ③ 구 ④ 십 ( )

13. 우리 반은 남자보다 [女]자가 더 많습니다.
    ① 여 ② 손 ③ 제 ④ 장 ( )

14. 내일은 동생의 생[日]입니다.
    ① 월 ② 신 ③ 일 ④ 진 ( )

15. 우리 반 교실은 [二]층에 있습니다.
    ① 일 ② 사 ③ 삼 ④ 이 ( )

16. 우리 부[子]는 주말마다 함께 운동장에서 야구를 합니다.
    ① 녀 ② 자 ③ 모 ④ 조 ( )

17. 걸리버는 [小]인들이 모여 사는 나라에 갔습니다.
    ① 거 ② 대 ③ 소 ④ 중 ( )

18. 영화가 끝나자 사람들은 우르르 출[口]쪽으로 향했습니다.
    ① 구 ② 입 ③ 장 ④ 신 ( )

19. 따스한 3[月]이 되니 길가에 개나리가 피었습니다.
    ① 달 ② 날 ③ 해 ④ 월 ( )

20. 내일은 할머니의 [七]순 잔치 날입니다.
    ① 육 ② 칠 ③ 팔 ④ 구 ( )

※ [　　] 안의 뜻을 가진 한자를 〈보기〉에서 찾아 번호를 쓰세요.

〈보기〉	① 母 ② 一 ③ 月 ④ 八 ⑤ 七 ⑥ 口 ⑦ 子 ⑧ 王 ⑨ 小 ⑩ 火

21. 어머니는 [아들]을 꼭 껴안았습니다.
(　　　)

22. 넷에 넷을 더하면 [여덟]이 됩니다.
(　　　)

23. 밤에 하늘을 바라보니 크고 [작은] 별들이 반짝이고 있습니다. (　　　)

24. 동생이 [어머니]의 품에 안겨 자고 있습니다.
(　　　)

25. 누나는 [입]맛이 없다고 점심을 먹지 않았습니다. (　　　)

26. 어린이 여러분들이 바로 이 나라의 [왕]입니다.
(　　　)

27. 고개를 들어 밝은 [달]을 바라보니 고향이 더 그리워집니다. (　　　)

28. 소방관 아저씨들이 물줄기를 뿌려 [불]을 껐습니다. (　　　)

29. '백설 공주와 [일곱] 난쟁이'의 이야기는 매우 재미있습니다. (　　　)

30. 식탁에 있는 복숭아 두 개 중에 [하나]를 먹었습니다. (　　　)

주관식 (31~50번)

※ 한자의 훈(뜻)과 음(소리)을 〈보기〉와 같이 한글로 쓰세요.

〈보기〉	一 (　하나　일　)

31. 中　(　　　　　)
32. 木　(　　　　　)
33. 門　(　　　　　)

34. 下　(　　　　　　　)
35. 山　(　　　　　　　)
36. 土　(　　　　　　　)
37. 上　(　　　　　　　)
38. 三　(　　　　　　　)
39. 水　(　　　　　　　)
40. 五　(　　　　　　　)

※ 한자어의 독음(소리)을 〈보기〉와 같이 한글로 쓰세요.

〈보기〉	一日 (　일 일　)

41. 九日　(　　　　　)
42. 白人　(　　　　　)
43. 父女　(　　　　　)
44. 四十　(　　　　　)

※ [　　] 안의 한자어의 독음(소리)을 〈보기〉에서 찾아 쓰세요.

〈보기〉	공부	친구	선생
	의견	인물	생활

45. 저는 그 친구의 [意見]에 찬성합니다.
(　　　)

46. 우리 고장은 훌륭한 [人物]들이 많이 태어난 곳으로 유명합니다. (　　　)

47. 항상 바른 자세로 [工夫]해야 합니다.
(　　　)

48. [先生]님의 손동작을 따라해보세요.
(　　　)

49. 즐겁게 [生活]하는 소년 덕분에 주위가 행복해집니다. (　　　)

50. [親舊]에게 동화책을 빌려주었습니다.
(　　　)

― 수고하셨습니다 ―

한자실력급수 자격시험 8급 연습문제 <9>

객관식 (1~30번)

※ [ ] 안의 뜻에 맞는 한자를 찾아 번호를 쓰세요.

1. [임금]
   ① 五 ② 王 ③ 三 ④ 二 (   )

2. [해]
   ① 火 ② 口 ③ 中 ④ 日 (   )

3. [달]
   ① 木 ② 山 ③ 月 ④ 水 (   )

4. [문]
   ① 七 ② 下 ③ 土 ④ 門 (   )

5. [아버지]
   ① 父 ② 母 ③ 子 ④ 女 (   )

6. [희다]
   ① 白 ② 日 ③ 口 ④ 八 (   )

7. [일곱]
   ① 七 ② 八 ③ 九 ④ 十 (   )

8. [물]
   ① 火 ② 水 ③ 木 ④ 金 (   )

9. [여섯]
   ① 二 ② 三 ③ 四 ④ 六 (   )

10. [아들]
    ① 十 ② 土 ③ 子 ④ 上 (   )

※ [ ] 안의 한자어를 바르게 읽은 것을 찾아 번호를 쓰세요.

11. 오늘은 목요[日]입니다.
    ① 월 ② 날 ③ 일 ④ 달 (   )

12. [門]앞에서 강아지가 우리를 반겨줍니다.
    ① 문 ② 창 ③ 발 ④ 장 (   )

13. [白]군과 청군의 줄다리기에서 청군이 이겼습니다.
    ① 황 ② 홍 ③ 흑 ④ 백 (   )

14. 친구와 함께 편의점에서 음료[水]를 사먹었습니다.
    ① 주 ② 수 ③ 유 ④ 차 (   )

15. 그분은 항상 [子]녀들에게 착하게 살라고 말씀하셨습니다.
    ① 장 ② 부 ③ 손 ④ 자 (   )

16. 우리나라의 인[口]가 점점 줄어들고 있습니다.
    ① 기 ② 구 ③ 사 ④ 자 (   )

17. 셋에서 하나를 빼면 [二]입니다.
    ① 이 ② 삼 ③ 사 ④ 오 (   )

18. 입장료가 대인은 1,000원, [小]인은 500원입니다.
    ① 거 ② 중 ③ 소 ④ 신 (   )

19. 누나는 초등학교 [四]학년입니다.
    ① 삼 ② 사 ③ 오 ④ 육 (   )

20. 형이 여행을 간지 [一]주일이 지났습니다.
    ① 사 ② 삼 ③ 이 ④ 일 (   )

※ [   ] 안의 뜻을 가진 한자를 〈보기〉에서 찾아 번호를 쓰세요.

〈보기〉	①土 ②中 ③上 ④口 ⑤女
	⑥四 ⑦小 ⑧一 ⑨二 ⑩母

21. 쉬는 시간에 [여자] 아이들이 고무줄놀이를 하고 있습니다.   (   )

22. 종이배 [하나]가 물 위를 두둥실 떠다니고 있습니다.   (   )

23. [어머니]가 방금 집에 들어오셨습니다.
(   )

24. 친구 [넷]이 우리 집에 놀러왔습니다.
(   )

25. 미술시간에 찰[흙]을 이용하여 거북이를 만들었습니다.   (   )

26. 숲에서 [작은] 다람쥐를 보았습니다.
(   )

27. 책상 [위]에 연필과 지우개가 있습니다.
(   )

28. 꽃 [두] 송이를 만들어서 부모님께 드렸습니다.
(   )

29. 많은 떡 [가운데] 백설기를 골랐습니다.
(   )

30. 소녀가 [입]을 가리고 호호하며 웃고 있습니다.
(   )

주관식 (31~50번)

※ 한자의 훈(뜻)과 음(소리)을 〈보기〉와 같이 한글로 쓰세요.

〈보기〉	一 (하나 일)

31. 九   (   )
32. 八   (   )
33. 五   (   )

34. 山   (   )
35. 木   (   )
36. 人   (   )
37. 三   (   )
38. 十   (   )
39. 下   (   )
40. 火   (   )

※ 한자어의 독음(소리)을 〈보기〉와 같이 한글로 쓰세요.

〈보기〉	一日 (일 일)

41. 父王   (   )
42. 白日   (   )
43. 七月   (   )
44. 水門   (   )

※ [   ] 안의 한자어의 독음(소리)을 〈보기〉에서 찾아 쓰세요.

〈보기〉	사물	생활	주의
	선생	학교	내용

45. 외출할 때는 반드시 안전에 [注意]해야 합니다.
(   )

46. 오늘 배운 [內容]은 매우 어렵습니다.
(   )

47. 우리 [學校]의 운동장은 매우 넓습니다.
(   )

48. 작은 것 하나도 [事物]을 이루는 부분입니다.
(   )

49. 민호의 어머니는 [先生]님 입니다.
(   )

50. 내 친구는 어려서부터 농촌에서 [生活]하였습니다.   (   )

– 수고하셨습니다 –

한자실력급수 자격시험 8급 연습문제 <10>

객관식 (1~30번)

※ [　] 안의 뜻에 맞는 한자를 찾아 번호를 쓰세요.

1. [어머니]
   ① 父　② 母　③ 子　④ 女　(　)

2. [작다]
   ① 小　② 十　③ 木　④ 九　(　)

3. [달]
   ① 日　② 火　③ 月　④ 水　(　)

4. [임금]
   ① 三　② 五　③ 土　④ 王　(　)

5. [가운데]
   ① 口　② 日　③ 白　④ 中　(　)

6. [흙]
   ① 二　② 土　③ 下　④ 上　(　)

7. [여자]
   ① 一　② 七　③ 女　④ 人　(　)

8. [아래]
   ① 下　② 上　③ 十　④ 子　(　)

9. [문]
   ① 母　② 門　③ 四　④ 六　(　)

10. [산]
    ① 木　② 五　③ 水　④ 山　(　)

※ [　] 안의 한자어를 바르게 읽은 것을 찾아 번호를 쓰세요.

11. 5는 [八]보다 작습니다.
    ① 육　② 칠　③ 팔　④ 구　(　)

12. [父]모님과 함께 시골 할아버지 집에 다녀왔습니다.
    ① 부　② 형　③ 제　④ 장　(　)

13. 이번 주 [木]요일에 옆 반과 축구 시합이 있습니다.
    ① 화　② 수　③ 목　④ 금　(　)

14. [九]월이 되니 날씨가 제법 쌀쌀합니다.
    ① 십　② 칠　③ 팔　④ 구　(　)

15. [子]식을 향한 부모님의 사랑은 끝이 없습니다.
    ① 여　② 소　③ 손　④ 자　(　)

16. [門]이 고장 나서 열 수가 없습니다.
    ① 창　② 문　③ 공　④ 장　(　)

17. 내 짝꿍은 얼굴이 하얀 [女]자 아이입니다.
    ① 녀　② 남　③ 여　④ 손　(　)

18. 철수는 한 발로 서 있다가 [中]심을 잃고 쓰러졌습니다.
    ① 상　② 중　③ 평　④ 형　(　)

19. 매주 [月]요일마다 학원에 갑니다.
    ① 화　② 수　③ 목　④ 월　(　)

20. 우리 [母]녀는 이번 주말에 영화를 보러 가기로 하였습니다.
    ① 부　② 모　③ 자　④ 남　(　)

※ [ ] 안의 뜻을 가진 한자를 〈보기〉에서 찾아 번호를 쓰세요.

〈보기〉	①九 ②水 ③子 ④人 ⑤口 ⑥木 ⑦八 ⑧日 ⑨父 ⑩一

21. 어린이 [날]에 온 가족이 불꽃축제를 구경했습니다. ( )

22. 아버지와 [아들]이 정말 많이 닮았습니다. ( )

23. 눈을 감고 [하나]부터 열까지 숫자를 세어 보세요. ( )

24. 은행은 오전 [아홉]시에 문을 엽니다. ( )

25. 물고기가 먹이를 먹으려고 [입]을 뻐금거립니다. ( )

26. 작년에 심은 [나무]에서 꽃이 피었습니다. ( )

27. 재밌게 놀아 흙탕[물]이 튀기는 줄도 몰랐습니다. ( )

28. [아버지]와 함께 윷놀이를 하였습니다. ( )

29. 낙타는 [사람]도 태우고 물건도 싣고 다닙니다. ( )

30. 아이는 손가락을 하나씩 접으며 [여덟]까지 세었습니다. ( )

주관식 (31~50번)

※ 한자의 훈(뜻)과 음(소리)을 〈보기〉와 같이 한글로 쓰세요.

〈보기〉	一 (하나 일)

31. 五 ( )
32. 十 ( )
33. 二 ( )
34. 白 ( )
35. 上 ( )
36. 四 ( )
37. 六 ( )
38. 火 ( )
39. 七 ( )
40. 三 ( )

※ 한자어의 독음(소리)을 〈보기〉와 같이 한글로 쓰세요.

〈보기〉	一日 (일 일)

41. 月下 ( )
42. 中門 ( )
43. 土山 ( )
44. 女王 ( )

※ [ ] 안의 한자어의 독음(소리)을 〈보기〉에서 찾아 쓰세요.

〈보기〉	동물	내용	친구
	주의	공부	문장

45. [文章]을 마치면 꼭 점을 찍어야 합니다. ( )

46. 애완 [動物]을 직접 키워보고 싶습니다. ( )

47. 그는 요즘 열심히 [工夫]합니다. ( )

48. 준기는 선생님이 질문한 [內容]을 정확하게 이해하지 못했습니다. ( )

49. 항상 시끄럽던 [親舊]가 오늘은 조용합니다. ( )

50. 공부를 잘하는 학생은 수업 시간에 [注意]를 집중해서 듣습니다. ( )

- 수고하셨습니다 -

한자실력급수 자격시험 8급 연습문제 〈11〉

객관식 (1~30번)

※ [ ] 안의 뜻에 맞는 한자를 찾아 번호를 쓰세요.

1. [문]
   ① 口 ② 門 ③ 白 ④ 中 (　　)

2. [셋]
   ① 一 ② 二 ③ 三 ④ 四 (　　)

3. [해]
   ① 日 ② 月 ③ 火 ④ 水 (　　)

4. [여자]
   ① 子 ② 女 ③ 父 ④ 母 (　　)

5. [열]
   ① 上 ② 下 ③ 土 ④ 十 (　　)

6. [아들]
   ① 子 ② 山 ③ 九 ④ 七 (　　)

7. [여섯]
   ① 五 ② 六 ③ 七 ④ 八 (　　)

8. [아래]
   ① 下 ② 上 ③ 十 ④ 子 (　　)

9. [일곱]
   ① 十 ② 九 ③ 八 ④ 七 (　　)

10. [작다]
    ① 水 ② 木 ③ 小 ④ 十 (　　)

※ [ ] 안의 한자어를 바르게 읽은 것을 찾아 번호를 쓰세요.

11. 5[月] 5일은 어린이날입니다.
    ① 달 ② 해 ③ 날 ④ 월 (　　)

12. [四]촌 동생이 우리 집에 놀러왔습니다.
    ① 사 ② 삼 ③ 오 ④ 육 (　　)

13. 이번 달 [二]일은 어머니 생신입니다.
    ① 팔 ② 오 ③ 일 ④ 이 (　　)

14. [中]국에서 올림픽이 열렸습니다.
    ① 미 ② 중 ③ 한 ④ 영 (　　)

15. 놀이동산의 관람차는 한 바퀴를 도는데 [八]분이 걸렸습니다.
    ① 팔 ② 구 ③ 십 ④ 칠 (　　)

16. 우리 동네 [三]거리에는 상점이 많이 있습니다.
    ① 세 ② 네 ③ 삼 ④ 사 (　　)

17. 윷놀이는 남[女] 모두 좋아하는 놀이입니다.
    ① 녀 ② 자 ③ 여 ④ 성 (　　)

18. 우리 부[子]는 붕어빵처럼 닮았습니다.
    ① 리 ② 녀 ③ 모 ④ 자 (　　)

19. 기술자가 오셔서 막힌 [下]수도를 뚫었습니다.
    ① 상 ② 하 ③ 토 ④ 산 (　　)

20. 동생이 감기에 걸려 어머니가 [小]아과에 데려갔습니다.
    ① 유 ② 배 ③ 소 ④ 다 (　　)

※ [ ] 안의 뜻을 가진 한자를 〈보기〉에서 찾아 번호를 쓰세요.

〈보기〉	①火 ②木 ③月 ④八 ⑤二 ⑥中 ⑦子 ⑧父 ⑨五 ⑩六

21. 우주선을 타고 [달]나라를 여행하고 싶습니다.
( )

22. 손가락은 [다섯] 개입니다. ( )

23. 고모네 집은 [아들]만 넷입니다. ( )

24. [불]빛이 하나도 없어 매우 무섭습니다.
( )

25. [두] 사람은 친구처럼 다정해 보였습니다.
( )

26. [여섯]시까지는 집에 돌아와야 합니다.
( )

27. 연못 한 [가운데]에 연꽃이 피었습니다.
( )

28. 정원에 사과[나무] 한 그루를 심었습니다.
( )

29. 현재 영화관에서 [여덟]편의 영화가 상영 중입니다.
( )

30. [아버지]는 집을 비울 때는 문을 꼭 잠가야 한다고 강조하셨습니다. ( )

주관식 (31~50번)

※ 한자의 훈(뜻)과 음(소리)을 〈보기〉와 같이 한글로 쓰세요.

〈보기〉	一 (하나 일)

31. 水 ( )
32. 口 ( )
33. 九 ( )
34. 白 ( )
35. 母 ( )

36. 上 ( )
37. 一 ( )
38. 土 ( )
39. 王 ( )
40. 山 ( )

※ 한자어의 독음(소리)을 〈보기〉와 같이 한글로 쓰세요.

〈보기〉	一日 (일일)

41. 六日 ( )
42. 下女 ( )
43. 七十 ( )
44. 小子 ( )

※ [ ] 안의 한자어의 독음(소리)을 〈보기〉에서 찾아 쓰세요.

〈보기〉	생활	공부	학교
	인물	주의	선생

45. [學校]에서 있었던 일을 그림으로 그렸습니다.
( )

46. [先生]님께서 숙제를 내주셨습니다.
( )

47. 초등학교에 입학한 오늘부터 새로운 [生活]이 시작됩니다. ( )

48. 감기에 걸리지 않도록 각별히 [注意]해야 합니다.
( )

49. 제 동생은 장차 큰 [人物]이 될 것입니다.
( )

50. 형은 밤늦은 시간까지 [工夫]하다 잠이 들었습니다.
( )

– 수고하셨습니다 –

한자실력급수 자격시험 8급 연습문제 <12>

객관식 (1~30번)

※ [   ] 안의 뜻에 맞는 한자를 찾아 번호를 쓰세요.

1. [여자]
   ① 女   ② 男   ③ 子   ④ 母   (   )

2. [불]
   ① 火   ② 水   ③ 九   ④ 人   (   )

3. [여덟]
   ① 五   ② 六   ③ 七   ④ 八   (   )

4. [열]
   ① 一   ② 十   ③ 二   ④ 五   (   )

5. [아들]
   ① 山   ② 上   ③ 子   ④ 下   (   )

6. [나무]
   ① 小   ② 門   ③ 中   ④ 木   (   )

7. [달]
   ① 日   ② 月   ③ 白   ④ 口   (   )

8. [가운데]
   ① 中   ② 母   ③ 門   ④ 二   (   )

9. [날]
   ① 山   ② 日   ③ 七   ④ 口   (   )

10. [위]
    ① 上   ② 水   ③ 下   ④ 六   (   )

※ [   ]안의 한자어를 바르게 읽은 것을 찾아 번호를 쓰세요.

11. [王]이 말을 타고 사냥을 나갔습니다.
    ① 상   ② 왕   ③ 군   ④ 공   (   )

12. 어머니가 친구들과 나눠먹으라고 [白]설기를 싸주셨습니다.
    ① 백   ② 흑   ③ 청   ④ 감   (   )

13. 재영이의 [父]모님은 모두 선생님이십니다.
    ① 형   ② 자   ③ 제   ④ 부   (   )

14. 삼 더하기 삼은 [六]입니다.
    ① 칠   ② 육   ③ 팔   ④ 구   (   )

15. 집으로 돌아오는 골목길에 [下]수도를 공사하고 있어 불편합니다.
    ① 하   ② 상   ③ 아   ④ 위   (   )

16. 이번 달 28[日]은 어머니의 생신입니다.
    ① 일   ② 날   ③ 월   ④ 단   (   )

17. 내일은 [月]요일이라 학교에 가야 합니다.
    ① 일   ② 월   ③ 화   ④ 수   (   )

18. 옆집 할머니는 손[子]가 태어났다고 매우 기뻐하셨습니다.
    ① 녀   ② 주   ③ 지   ④ 자   (   )

19. 저는 [八]개월 후에 초등학교에 입학합니다.
    ① 팔   ② 구   ③ 십   ④ 칠   (   )

20. [女]왕벌 한 마리가 날아왔습니다.
    ① 여   ② 녀   ③ 대   ④ 소   (   )

※ [　　] 안의 뜻을 가진 한자를 〈보기〉에서 찾아 번호를 쓰세요.

〈보기〉	①父 ②王 ③下 ④六 ⑤白 ⑥一 ⑦母 ⑧小 ⑨七 ⑩二

21. 발자국 [하나] 없는 하얀 눈길을 걷고 싶습니다. (　　　　)

22. 어머니께서 금붕어 [여섯] 마리를 사오셨습니다. (　　　　)

23. 선생님의 목소리가 [작아서] 뒤에 앉은 사람에게는 잘 안 들립니다. (　　　　)

24. [아버지], 저녁 드시러 내려오세요.(　　　　)

25. [일곱] 빛깔의 무지개가 매우 아름답습니다. (　　　　)

26. 백사장이 너무 [희어서] 눈이 아플 지경입니다. (　　　　)

27. [둘]에 셋을 더하면 다섯이 됩니다. (　　　　)

28. 저기 커다란 문이 [임금]님이 계시는 궁궐의 문입니다. (　　　　)

29. [어머니]와 함께 문구점에 가서 학용품을 샀습니다. (　　　　)

30. 산 [아래] 외딴 마을에 어머니와 아들이 살고 있습니다. (　　　　)

주관식 (31~50번)

※ 한자의 훈(뜻)과 음(소리)을 〈보기〉와 같이 한글로 쓰세요.

〈보기〉	一 (하나 일)

31. 人 (　　　　　)
32. 口 (　　　　　)
33. 水 (　　　　　)
34. 山 (　　　　　)
35. 五 (　　　　　)
36. 三 (　　　　　)
37. 門 (　　　　　)
38. 九 (　　　　　)
39. 土 (　　　　　)
40. 四 (　　　　　)

※ 한자어의 독음(소리)을 〈보기〉와 같이 한글로 쓰세요.

〈보기〉	一日 (일 일)

41. 女子 (　　　　　)
42. 火木 (　　　　　)
43. 八月 (　　　　　)
44. 十中 (　　　　　)

※ [　　] 안의 한자어의 독음(소리)을 〈보기〉에서 찾아 쓰세요.

〈보기〉	친구	식물	내용
	문장	공부	주의

45. [工夫]를 마치고 친구들과 놀이터에서 놀았습니다. (　　　　　)

46. 이어질 [內容]을 생각하며 책을 읽어봅시다. (　　　　　)

47. 황사의 피해를 입지 않도록 [注意]해야 합니다. (　　　　　)

48. [親舊]의 생일에 초대를 받았습니다. (　　　　　)

49. 동물과 [植物]의 차이점을 이야기하여 봅시다. (　　　　　)

50. [文章]을 다시 읽어보며 문법에 어긋난 부분을 고쳤습니다. (　　　　　)

– 수고하셨습니다 –

한자실력급수 자격시험 8급 연습문제 <13>

객관식 (1~30번)

※ [ ] 안의 뜻에 맞는 한자를 찾아 번호를 쓰세요.

1. [달]
　① 日　② 月　③ 白　④ 口　(　)

2. [문]
　① 下　② 口　③ 白　④ 門　(　)

3. [여섯]
　① 五　② 六　③ 七　④ 八　(　)

4. [둘]
　① 一　② 二　③ 三　④ 四　(　)

5. [일곱]
　① 六　② 八　③ 七　④ 九　(　)

6. [다섯]
　① 五　② 二　③ 王　④ 土　(　)

7. [아홉]
　① 十　② 子　③ 人　④ 九　(　)

8. [여자]
　① 女　② 父　③ 母　④ 六　(　)

9. [해]
　① 月　② 日　③ 白　④ 口　(　)

10. [열]
　① 上　② 山　③ 門　④ 十　(　)

※ [ ] 안의 한자어를 바르게 읽은 것을 찾아 번호를 쓰세요.

11. 저수지의 수[門]이 열리면서 물이 쏟아져 나왔습니다.
　① 상　② 문　③ 장　④ 공　(　)

12. [二]십 살의 나는 무엇을 하고 있을까요?
　① 이　② 삼　③ 사　④ 오　(　)

13. 아버지는 [五]형제 중 막내이십니다.
　① 팔　② 칠　③ 육　④ 오　(　)

14. 내 꿈은 [女]자 대통령입니다.
　① 감　② 여　③ 남　④ 녀　(　)

15. 어머니는 중학교 교사로 근무하신지 [十]년이 넘었습니다.
　① 십　② 구　③ 팔　④ 칠　(　)

16. [王]이 신하에게 선물을 내렸습니다.
　① 공　② 군　③ 왕　④ 장　(　)

17. [土]요일에 고모의 결혼식에 가기로 하였습니다.
　① 토　② 일　③ 월　④ 화　(　)

18. 가을이 되자 [山]이 빨간 옷을 입었습니다.
　① 강　② 산　③ 정　④ 춘　(　)

19. 어제 내린 눈이 온 세[上]을 덮었습니다.
　① 계　② 상　③ 정　④ 장　(　)

20. 아버지와 저는 [下]산 후에 맛있는 밥을 먹었습니다.
　① 아　② 화　③ 강　④ 하　(　)

※ [ ] 안의 뜻을 가진 한자를 〈보기〉에서 찾아 번호를 쓰세요.

〈보기〉	①一 ②三 ③土 ④王 ⑤山 ⑥父 ⑦木 ⑧下 ⑨上 ⑩中

21. [아버지]께서는 신문을 읽고 계십니다.
( )

22. 물은 위에서 [아래]로 흐릅니다. ( )

23. 우리 집에는 방이 [세]개나 있습니다.
( )

24. 새가 나무 [위]에서 쉬고 있습니다.
( )

25. 학생 [하나]가 갑자기 손을 들었습니다.
( )

26. [산]불이 발생하였습니다. ( )

27. 많은 영화 [가운데], 공룡이 나오는 영화를 보았습니다. ( )

28. 아버지와 함께 [흙]을 파고 꽃을 심었습니다.
( )

29. 우리는 [나무] 그늘에서 잠시 쉬기로 하였습니다. ( )

30. 모든 신하들은 [임금님]을 잘 따르고 일을 열심히 하였습니다. ( )

주관식 (31~50번)

※ 한자의 훈(뜻)과 음(소리)을 〈보기〉와 같이 한글로 쓰세요.

〈보기〉	一 (하나 일)

31. 八 ( )
32. 火 ( )
33. 水 ( )
34. 母 ( )
35. 人 ( )

36. 口 ( )
37. 小 ( )
38. 四 ( )
39. 白 ( )
40. 子 ( )

※ 한자어의 독음(소리)을 〈보기〉와 같이 한글로 쓰세요.

〈보기〉	一日 (일일)

41. 十九 ( )
42. 二女 ( )
43. 七日 ( )
44. 五月 ( )

※ [ ] 안의 한자어의 독음(소리)을 〈보기〉에서 찾아 쓰세요.

〈보기〉	주의	친구	학교
	의견	사물	선생

45. [學校]에서 먹는 점심식사는 특히 맛있습니다.
( )

46. 나는 커서 [先生]님이 되고 싶습니다.
( )

47. 우리 주변의 물건들을 [事物]이라고 합니다.
( )

48. 그는 자신의 [意見]을 분명하게 말했습니다.
( )

49. 동생은 부모님의 말씀을 [注意]깊게 듣고 있습니다. ( )

50. 승호와 저는 어린 시절부터 한동네에서 자란 오랜 [親舊]입니다. ( )

– 수고하셨습니다 –

한자실력급수 자격시험 8급 연습문제 <14>

객관식 (1~30번)

※ [ ] 안의 뜻에 맞는 한자를 찾아 번호를 쓰세요.

1. [흙]
 ① 山　② 二　③ 土　④ 十　( )

2. [위]
 ① 上　② 下　③ 九　④ 七　( )

3. [달]
 ① 王　② 門　③ 日　④ 月　( )

4. [아래]
 ① 小　② 子　③ 上　④ 下　( )

5. [열]
 ① 八　② 十　③ 一　④ 二　( )

6. [날]
 ① 口　② 日　③ 中　④ 門　( )

7. [넷]
 ① 四　② 五　③ 六　④ 七　( )

8. [산]
 ① 土　② 水　③ 山　④ 木　( )

9. [다섯]
 ① 八　② 七　③ 六　④ 五　( )

10. [셋]
 ① 王　② 三　③ 二　④ 一　( )

※ [ ] 안의 한자어를 바르게 읽은 것을 찾아 번호를 쓰세요.

11. 영철이가 선생님의 말씀을 집[中]해서 듣고 있습니다.
 ① 실　② 중　③ 신　④ 단　( )

12. 할머니가 어린 손[子]를 데리고 산책을 하고 있습니다.
 ① 녀　② 주　③ 자　④ 여　( )

13. 한글은 자음과 [母]음으로 이루어져 있습니다.
 ① 모　② 부　③ 소　④ 잡　( )

14. 우리 집은 커다란 [二]층집입니다.
 ① 오　② 사　③ 삼　④ 이　( )

15. 강아지는 냄새로 주[人]을 알아봅니다.
 ① 군　② 민　③ 인　④ 석　( )

16. 세[上]에는 맛있는 음식들이 너무 많습니다.
 ① 상　② 계　③ 속　④ 간　( )

17. 우리 아파트 지[下]에는 주차장이 있습니다.
 ① 층　② 하　③ 역　④ 방　( )

18. 빵집에서 생[日] 케이크를 샀습니다.
 ① 월　② 명　③ 신　④ 일　( )

19. 우리 고장은 [山] 좋고 물 좋은 곳입니다.
 ① 산　② 강　③ 무　④ 밤　( )

20. 나는 [三]십 살에 결혼을 할 것입니다.
 ① 이　② 삼　③ 사　④ 오　( )

※ [   ] 안의 뜻을 가진 한자를 〈보기〉에서 찾아 번호를 쓰세요.

〈보기〉	①六 ②母 ③二 ④人 ⑤中 ⑥門 ⑦火 ⑧八 ⑨子 ⑩王

21. [여덟]시가 되어서야 아버지가 집에 돌아오셨습니다.　　　　　　　　　（　　　　）

22. [사람]들은 모두 다 다르게 생겼습니다.
　　　　　　　　　　　　　　　（　　　　）

23. 세종대[왕]은 한글을 만드신 분입니다.
　　　　　　　　　　　　　　　（　　　　）

24. 학생 [둘]이 함께 걸어가고 있습니다.
　　　　　　　　　　　　　　　（　　　　）

25. [불]이 나지 않도록 늘 조심해야 합니다.
　　　　　　　　　　　　　　　（　　　　）

26. [어머니]는 부엌에서 반찬을 만들고 계십니다.
　　　　　　　　　　　　　　　（　　　　）

27. 할머니께서 날씨가 더우니 [문]을 열어놓으라고 하셨습니다.　　　　　　（　　　　）

28. 그 집안은 아버지와 [아들]이 형제처럼 보입니다.　　　　　　　　　　　（　　　　）

29. 누나는 매일 아침 [여섯]시에 일어나서 공부를 합니다.　　　　　　　　　（　　　　）

30. 아주머니는 식탁 [가운데]에 갈비찜을 올려놓으셨습니다.　　　　　　　（　　　　）

주관식 (31~50번)

※ 한자의 훈(뜻)과 음(소리)을 〈보기〉와 같이 한글로 쓰세요.

〈보기〉	一 （　하나　일　）

31. 水　（　　　　　　　）
32. 父　（　　　　　　　）
33. 小　（　　　　　　　）

34. 女　（　　　　　　　）
35. 木　（　　　　　　　）
36. 口　（　　　　　　　）
37. 九　（　　　　　　　）
38. 七　（　　　　　　　）
39. 白　（　　　　　　　）
40. 一　（　　　　　　　）

※ 한자어의 독음(소리)을 〈보기〉와 같이 한글로 쓰세요.

〈보기〉	一日 （　　일 일　　）

41. 四月　（　　　　　　　）
42. 山下　（　　　　　　　）
43. 五十　（　　　　　　　）
44. 三日　（　　　　　　　）

※ [   ] 안의 한자어의 독음(소리)을 〈보기〉에서 찾아 쓰세요.

〈보기〉	동물　　생활　　의견 문장　　공부　　내용

45. 영어 [文章]을 하루에 하나씩 외우기로 하였습니다.　　　　　　　　（　　　　）

46. [生活] 계획표를 작성할 때는 실천 가능하도록 짜야합니다.　　　　　（　　　　）

47. 내 동생은 [工夫]를 잘하는 편입니다.
　　　　　　　　　　　　　　　（　　　　）

48. 저는 그 글의 [內容]을 정확히 이해하지 못하였습니다.　　　　　　　（　　　　）

49. 이 [動物]의 이름은 오랑우탄입니다.
　　　　　　　　　　　　　　　（　　　　）

50. 여러 사람의 [意見]을 모아 계획을 세워 봅시다.　　　　　　　　　　（　　　　）

－ 수고하셨습니다 －

모범답안

\<1\>				\<2\>				\<3\>			
문항	정답	문항	정답	문항	정답	문항	정답	문항	정답	문항	정답
1	①	16	②	1	②	16	①	1	①	16	④
2	①	17	④	2	①	17	①	2	③	17	①
3	③	18	①	3	④	18	③	3	②	18	③
4	④	19	④	4	②	19	②	4	④	19	②
5	②	20	③	5	②	20	④	5	②	20	①
6	③	21	⑧	6	③	21	⑧	6	④	21	⑤
7	④	22	④	7	③	22	④	7	①	22	⑨
8	②	23	⑥	8	①	23	⑥	8	②	23	⑦
9	①	24	①	9	②	24	①	9	①	24	①
10	④	25	⑩	10	④	25	⑨	10	③	25	⑩
11	③	26	⑤	11	③	26	⑤	11	④	26	③
12	③	27	⑦	12	①	27	⑦	12	②	27	⑧
13	④	28	②	13	④	28	②	13	②	28	④
14	②	29	⑨	14	②	29	⑩	14	③	29	②
15	①	30	③	15	④	30	③	15	②	30	⑥
문항	정답	문항	정답	문항	정답	문항	정답	문항	정답	문항	정답
31	문 문	41	모녀	31	아홉 구	41	백토	31	두 이	41	구월
32	사람 인	42	삼월	32	두 이	42	문하	32	임금 왕	42	인구
33	가운데 중	43	수상	33	사람 인	43	부자	33	여덟 팔	43	화산
34	아래 하	44	왕자	34	임금 왕	44	수중	34	물 수	44	토목
35	아홉 구	45	학교	35	메/산 산	45	동물	35	다섯 오	45	선생
36	흰 백	46	주의	36	여덟 팔	46	생활	36	어머니 모	46	식물
37	열 십	47	의견	37	다섯 오	47	문장	37	넉 사	47	학교
38	흙 토	48	사물	38	나무 목	48	친구	38	작을 소	48	주의
39	여덟 팔	49	문장	39	어머니 모	49	의견	39	열 십	49	내용
40	불 화	50	내용	40	불 화	50	공부	40	위 상	50	친구

모범답안

〈 4 〉				〈 5 〉				〈 6 〉			
문항	정답	문항	정답	문항	정답	문항	정답	문항	정답	문항	정답
1	②	16	④	1	②	16	①	1	②	16	②
2	③	17	③	2	③	17	④	2	①	17	④
3	①	18	②	3	①	18	③	3	①	18	②
4	②	19	③	4	②	19	②	4	③	19	③
5	④	20	①	5	④	20	④	5	②	20	①
6	③	21	⑦	6	④	21	⑧	6	④	21	⑥
7	①	22	⑩	7	①	22	⑥	7	③	22	⑩
8	①	23	②	8	③	23	⑨	8	②	23	⑧
9	④	24	⑤	9	②	24	①	9	④	24	①
10	④	25	⑧	10	④	25	④	10	①	25	④
11	④	26	③	11	④	26	⑤	11	②	26	⑤
12	②	27	⑥	12	①	27	⑩	12	④	27	⑨
13	①	28	⑨	13	③	28	③	13	①	28	③
14	④	29	①	14	④	29	⑦	14	③	29	②
15	②	30	④	15	②	30	②	15	①	30	⑦
문항	정답	문항	정답	문항	정답	문항	정답	문항	정답	문항	정답
31	아홉 구	41	문인	31	두 이	41	구십	31	아홉 구	41	모자
32	두 이	42	부모	32	아들 자	42	산수	32	두 이	42	중소
33	임금 왕	43	자녀	33	임금 왕	43	소인	33	흰 백	43	일월
34	여덟 팔	44	하산	34	흰 백	44	문중	34	사람 인	44	상하
35	다섯 오	45	인물	35	여덟 팔	45	내용	35	임금 왕	45	문장
36	나무 목	46	생활	36	다섯 오	46	친구	36	산/메 산	46	사물
37	물 수	47	문장	37	나무 목	47	동물	37	여덟 팔	47	생활
38	불 화	48	의견	38	어머니 모	48	학교	38	다섯 오	48	의견
39	넉 사	49	공부	39	불 화	49	공부	39	나무 목	49	학교
40	작을 소	50	선생	40	흙 토	50	선생	40	불 화	50	친구

〈모범답안〉

모범답안

〈 7 〉				〈 8 〉				〈 9 〉			
문항	정답	문항	정답	문항	정답	문항	정답	문항	정답	문항	정답
1	②	16	②	1	②	16	②	1	②	16	②
2	④	17	④	2	③	17	③	2	④	17	①
3	①	18	①	3	①	18	①	3	③	18	③
4	②	19	③	4	④	19	④	4	④	19	②
5	④	20	②	5	③	20	②	5	①	20	④
6	②	21	⑥	6	②	21	⑦	6	①	21	⑤
7	②	22	⑧	7	④	22	④	7	①	22	⑧
8	①	23	⑩	8	①	23	⑨	8	②	23	⑩
9	③	24	②	9	②	24	①	9	④	24	⑥
10	①	25	⑤	10	③	25	⑥	10	③	25	①
11	④	26	⑨	11	④	26	⑧	11	③	26	⑦
12	①	27	④	12	③	27	③	12	①	27	③
13	④	28	①	13	①	28	⑩	13	④	28	⑨
14	③	29	⑦	14	③	29	⑤	14	②	29	②
15	③	30	③	15	④	30	②	15	④	30	④
문항	정답	문항	정답	문항	정답	문항	정답	문항	정답	문항	정답
31	두 이	41	육십	31	가운데 중	41	구일	31	아홉 구	41	부왕
32	아들 자	42	산중	32	나무 목	42	백인	32	여덟 팔	42	백일
33	임금 왕	43	팔구	33	문 문	43	부녀	33	다섯 오	43	칠월
34	다섯 오	44	여인	34	아래 하	44	사십	34	메/산 산	44	수문
35	나무 목	45	주의	35	메/산 산	45	의견	35	나무 목	45	주의
36	어머니 모	46	내용	36	흙 토	46	인물	36	사람 인	46	내용
37	불 화	47	의견	37	위 상	47	공부	37	석 삼	47	학교
38	아래 하	48	학교	38	석 삼	48	선생	38	열 십	48	사물
39	아버지 부	49	식물	39	물 수	49	생활	39	아래 하	49	선생
40	문 문	50	문장	40	다섯 오	50	친구	40	불 화	50	생활

모범답안

〈 10 〉				〈 11 〉				〈 12 〉			
문항	정답	문항	정답	문항	정답	문항	정답	문항	정답	문항	정답
1	②	16	②	1	②	16	③	1	①	16	①
2	①	17	③	2	③	17	①	2	①	17	②
3	③	18	②	3	①	18	④	3	④	18	④
4	④	19	④	4	②	19	②	4	②	19	①
5	④	20	②	5	④	20	③	5	③	20	①
6	②	21	⑧	6	①	21	③	6	④	21	⑥
7	③	22	③	7	②	22	⑨	7	②	22	④
8	①	23	⑩	8	①	23	⑦	8	①	23	⑧
9	②	24	①	9	④	24	①	9	②	24	①
10	④	25	⑤	10	③	25	⑤	10	①	25	⑨
11	③	26	⑥	11	④	26	⑩	11	②	26	⑤
12	①	27	②	12	①	27	⑥	12	①	27	⑩
13	③	28	⑨	13	④	28	②	13	④	28	②
14	④	29	④	14	②	29	④	14	②	29	⑦
15	④	30	⑦	15	①	30	⑧	15	①	30	③

문항	정답	문항	정답	문항	정답	문항	정답	문항	정답	문항	정답
31	다섯 오	41	월하	31	물 수	41	육일	31	사람 인	41	여자
32	열 십	42	중문	32	입 구	42	하녀	32	입 구	42	화목
33	두 이	43	토산	33	아홉 구	43	칠십	33	물 수	43	팔월
34	흰 백	44	여왕	34	흰 백	44	소자	34	메/산 산	44	십중
35	위 상	45	문장	35	어머니 모	45	학교	35	다섯 오	45	공부
36	넉 사	46	동물	36	위 상	46	선생	36	석 삼	46	내용
37	여섯 륙	47	공부	37	한 일	47	생활	37	문 문	47	주의
38	불 화	48	내용	38	흙 토	48	주의	38	아홉 구	48	친구
39	일곱 칠	49	친구	39	임금 왕	49	인물	39	흙 토	49	식물
40	석 삼	50	주의	40	메/산 산	50	공부	40	넉 사	50	문장

모범답안

\<13\>				\<14\>			
문항	정답	문항	정답	문항	정답	문항	정답
1	②	16	③	1	③	16	①
2	④	17	①	2	①	17	②
3	②	18	②	3	④	18	④
4	②	19	②	4	④	19	①
5	③	20	④	5	②	20	②
6	①	21	⑥	6	②	21	⑧
7	④	22	⑧	7	①	22	④
8	①	23	②	8	③	23	⑩
9	②	24	⑨	9	④	24	③
10	④	25	①	10	②	25	⑦
11	②	26	⑤	11	②	26	②
12	①	27	⑩	12	③	27	⑥
13	④	28	③	13	①	28	⑨
14	②	29	⑦	14	④	29	①
15	①	30	④	15	③	30	⑤
문항	정답	문항	정답	문항	정답	문항	정답
31	여덟 팔	41	십구	31	물 수	41	사월
32	불 화	42	이녀	32	아버지 부	42	산하
33	물 수	43	칠일	33	작을 소	43	오십
34	어머니 모	44	오월	34	여자 녀	44	삼일
35	사람 인	45	학교	35	나무 목	45	문장
36	입 구	46	선생	36	입 구	46	생활
37	작을 소	47	사물	37	아홉 구	47	공부
38	넉 사	48	의견	38	일곱 칠	48	내용
39	흰 백	49	주의	39	흰 백	49	동물
40	아들 자	50	친구	40	한 일	50	의견